LA
LOI ÉLECTORALE

PAR

ÉDOUARD BOINVILLIERS

PARIS

IMPRIMERIE DUBUISSON ET COMPAGNIE

Rue Coq-Héron, 5

—

1874

LA
LOI ÉLECTORALE

PAR

ÉDOUARD BOINVILLIERS

PARIS

IMPRIMERIE DUBUISSON ET COMPAGNIE

Rue Coq-Héron, 5

—

1874

LA
LOI ÉLECTORALE [1]

~~~~~~~~~

MONSIEUR LE DIRECTEUR,

Je vous demande la permission, en n'engageant ici que moi-même, de me promener librement à travers les erreurs et les sophismes que la mauvaise foi des partis accumule sans cesse autour de cette loi capitale.

Et d'abord, sommes-nous donc dans une question de droit étroit, ou dans une question d'utilité publique? Faut-il reconnaître au citoyen français un droit antérieur et supérieur à toute législation électorale, ou le lui conférer lors-

____

[1] Extrait du *Paris-Journal* du 8 janvier 1874.
~~~~~~~~~

qu'on décide qu'il y a utilité et convenance à le faire ? La théorie radicale et républicaine penche pour le droit étroit.

La raison ou le prétexte de cette erreur, c'est que le citoyen qui paie l'impôt a *droit* à le consentir et à en régler la répartition ; la vérité, au contraire c'est que toute société a un intérêt évident à ce que cette question d'impôt, qui est en effet la première, par son importance et ses conséquences, soit vidée au mieux des intérêts de la communauté ; si l'ensemble des citoyens, par une raison quelconque, ne paraît pas en état de remplir heureusement la fonction qu'on lui destine, il ne faudra pas la lui confier.

Si le suffrage universel était un droit naturel, il faudrait soutenir que, jusqu'à ces dernières années, la France a vécu dans la servitude, et que la plupart des États du monde croupissent encore dans le même esclavage.

Une société reste constamment maîtresse de répartir le droit du suffrage comme elle l'entend, et si elle a vérifié que l'impôt est plus équitablement réparti par telle fraction des citoyens que par telle autre, elle fait bien de s'en tenir à la première. Il ne s'agit en effet que d'une fonction, et le fait de contribuer pour sa part aux charges

publiques ne donne pas plus de droits
à être électeur qu'à être juré, prud'-
homme, garde champêtre ou ministre.

L'électorat par la grâce de Dieu est
aussi ridicule que la république de
droit divin.

***

Le terrain ainsi déblayé, on est plus
à l'aise pour examiner les théories
bourgeoises touchant l'électorat; elles
sont, à mon avis, tout aussi fausses que
celles des radicaux; on n'est pas resté
dix minutes dans une réunion *d'hommes
distingués*, sans entendre répéter avec
l'assurance qu'on met à citer un axiome :

« Il n'y a de sérieux en matière élec-
« torale que le système qui permettra
« aux gens de ne répondre qu'à des
« questions qu'ils peuvent compren-
« dre. » — « La société politique est
« basée sur une masse d'intérêts maté-
« riels, il faut donc que les plus gros
« actionnaires aient le plus de voix. »—
« D'ailleurs, c'est un outrage au bon
« sens que cette égalité politique, sous
« laquelle on courbe à la fois le rentier
« paisible et lettré, et le chiffonnier du
« coin ignorant et affamé. »

Avant de relever tous ces sophismes,
permettez-moi de constater qu'ils ten-

dent tous au même but : *le régime censitaire*. En effet, s'il ne faut interroger
que les gens savants, s'il faut donner
dix voix à qui possède dix actions dans
la société politique ; s'il faut, par répu-
gnance aristocratique du fabricant de
soupières, exclure des comices celui qui
lui sert la soupe, il est évident que l'on
conclut fatalement à un cens et à un
cens assez élevé. C'est la restauration de
la bourgeoisie ; ce n'est pas seulement
la part faite à ses lumières et à sa ri-
chess c'est le gouvernement de la société française qu'on lui abandonne de
nouveau, et tout entier.

Je ne vois, pour ma part, aucune
objection théorique à faire à cette con-
clusion, et si la machine politique doit
être mieux conduite par les censitaires
que par ceux qui ne paient pas de cens,
j'entre sans hésitation dans le camp
bourgeois.

Mais est-il vrai que le bourgeois français soit moins révolutionnaire que le
peuple pris dans sa généralité ? Je ne
le crois pas, ou, pour parler plus franchement, j'affirme le contraire. Ce n'est
pas le peuple qui fait les révolutions,
c'est la bourgeoisie. Sans doute, au
dernier moment, on trouve à Paris et

dans les grandes villes le personnel assermenté de l'émeute, qui se charge de faire passer dans la pratique les théories subversives répandues à flots du haut de la tribune, et dans tous les journaux prétendus conservateurs; mais ce ne sont là que les ouvriers inconscients de la dernière heure. Ce qui est fatal, c'est qu'un moment vient toujours où le bourgeois s'ennuie de son gouvernement et commence contre lui cette guerre incessante de pétards et de bons mots, auxquels succèdent bientôt les gros mots et les barricades.

Est-ce que c'est l'ouvrier qui a inventé Rochefort, qui a acheté sa *Lanterne*, qui s'est éclairé et réchauffé aux rayons de cet astre nouveau? Est-ce que c'est lui qui a fait la fortune de sa *Marseillaise*?

Qui a grandi Trochu jusqu'à en faire un chef de parti? qui a rajeuni Jules Favre? qui a rendu possibles tous les comparses du 4 septembre? qui a demandé l'extension indéfinie des prérogatives du Corps législatif, et transformé un instrument de contrôle en une Assemblée souveraine? qui a ouvert les clubs, déchaîné la presse, ruiné l'autorité morale de l'armée, amoindri ses cadres, rogné son budget? qui s'est rué sur le pouvoir partout où apparaissait sa main tutélaire ? n'est-ce pas avec la *décentralisation* qu'on a décapité les préfets et les maires ?

Et ne croyez pas, monsieur le directeur, que j'aie en ce moment sur le cœur une catastrophe plutôt qu'une autre, que je m'apitoie seulement sur le sort lamentable de l'Empire. Ce fut la même chose en 89, qui devint 92 sous l'effort de nos premiers bourgeois politiques, les Girondins ; ne sont-ce pas les bourgeois qui chassèrent la Restauration à grands coups de Thiers, de Béranger, de P.-L. Courier, à grands renforts de légendes napoléonienne et républicaine ? En 1848, les massues s'appelaient Thiers, Cavaignac, Dupont de l'Eure, Marrast, Odilon Barrot ; et en 1870, Thiers, Trochu, Gambetta et C°.

Qu'on ne se trompe donc plus volontairement ou involontairement : ce n'est pas le peuple qui est révolutionnaire, c'est la bourgeoisie ; le peuple, pris dans sa masse et dans sa généralité, est facilement obéissant ; il comprend la nécessité de la discipline et sait s'y soumettre, la bourgeoisie l'a en horreur : c'est une armée de chefs, sans soldats ; elle n'a jamais su faire autre chose que d'ouvrir la porte à la bête féroce qu'elle caresse d'abord, qu'elle rudoie bientôt, et qu'elle parvient enfin à vaincre au prix des plus sanglants efforts; puis, après la victoire, elle se remet, inconsciente et affolée, à sa stupide besogne d'opposition quand même.

Ai-je besoin d'ajouter, Monsieur le directeur, que le bourgeois imbécile en politique est, dans la vie privée, le modèle des citoyens, qu'il remplit avec honneur, courage et esprit les postes les plus difficiles; qu'il est intègre et et savant magistrat; intrépide et humain sous l'habit militaire; que les sciences, les arts lui doivent ses plus illustres enfants; qu'il est patient, économe et laborieux; qu'il élève et chérit ses enfants avec un dévouement des plus touchants; que le bourgeois est, en un mot et sans exagération aucune, le vrai bijou de la civilisation moderne? Mais, hélas! toutes ces belles qualités ne lui confèrent aucune aptitude politique!

La masse des censitaires habite les villes; ce n'est pas là qu'il faut chercher le vrai conservateur, le soutien énergique et constant de tout gouvernement: c'est aux champs qu'on le trouvera. L'habitude d'un travail opiniâtre et constant, nécessaire à la vie elle-même, et que le plus minime changement, la plus petite erreur peut rendre infécond, le travail dans la solitude et dans le calme, le travail sous le ciel et devant les œuvres éternelles de Dieu : tout conseille au paysan la ressemblance avec lui-même, la constance et la fidélité dans ses affections.

Demandez un député à un centre campagnard : l'élu, à moins de circonstances extraordinaires, sera réélu jusqu'à la fin de ses jours ; demandez un député à une ville un peu importante : il sera contesté à la seconde élection et renversé à la troisième ; ainsi le veut, partout, en tout temps, sous quelque régime électoral que l'on vive, la loi des agglomérations humaines, dans lesquelles tout est remuant, affairé, changeant, et où le contraste heurté de la grande misère et du grand luxe enflamme fatalement toutes les passions envieuses.

A quoi bon maintenant relever les objections des partisans du régime censitaire contre le suffrage universel ? S'il est prouvé que le cens, donnant aux villes la supériorité sur les campagnes, donne par cela même à la révolution les plus grandes chances de succès, ne suis-je pas en droit, du haut de cette logique supérieure de l'utilité sociale, de laisser de côté cetté pètite logiqué des partis ?

Au surplus, il serait bien facile d'en avoir raison. Vous dites : *Ne donnez jamais à l'électeur qu'un problème qu'il puisse résoudre*. Je réponds : Le problème à résoudre, ce n'est pas la question d'Orient, ou les mérites comparés de de l'impôt proportionnel et de l'impôt progressif; c'est le choix d'un homme, conservateur d'un côté, opposant de l'autre ; c'est un choix qui ne dépasse pas les facultés du plus humble des électeurs. Vous dites : *Il faut que le nombre des voix dont on dispose soit égal à l'intérêt que l'on a dans dans la société*. Je réponds : Cette équation se fait naturellement sous tous les modes de suffrage, parce que le citoyen intelligent, riche et bien posé dispose d'un nombre de voix égal à celui de tous ceux qui ont confiance en lui ; quand on court le turf électoral, on ne quête pas de porte en porte les voix de tous les habitants d'un village ; on s'adresse à deux ou trois notables, et quand on a leur assentiment, on a les deux ou trois cents suffrages de la commune ; ces citoyens disposent donc chacun, en réalité, d'une centaine de voix. Vous dites : *Je ne veux pas être l'égal d'un savetier ou d'un valet de chambre*. Je réponds : Vous ne l'êtes pas non plus, et par la même raison que dessus ; est-ce que M. Guizot se croyait l'égal du marchand de vins du coin, parce que, payant tous deux, deux cents francs d'impôts, ils n'avaient l'un et l'autre qu'une voix apparente dans le scrutin ?

** **

Maintenant, monsieur le directeur, que nous avons réglé nos comptes avec les objections et que nous sommes munis de deux pierres de touche que j'estime très-sûres, essayons sur elles, je vous prie, les différents systèmes soumis à la commission des Trente.

Les petits cens de 25 ou 30 fr., les listes de capacité doivent être d'abord repoussés, comme donnant avantage à l'élément urbain sur l'élément campagnard ; on s'imagine fournir ainsi quelques armes aux conservateurs d'aujourd'hui contre la révolution présente ; en réalité, ce sont des recrues pour l'émeute de demain. — Le doublement des voix attribué aux pères de famille, est une berquinade qui serait innocente, si l'on était sûr de n'avantager ainsi que l'ouvrier rangé et laborieux ; mais je ne voudrais pas jurer que les mau-

vais ouvriers n'aient pas autant d'enfants que les bons.

Quant aux 25 ans d'âge et aux deux
ans de domicile, si l'on me prouve que
ces changements n'altèrent en rien la
supériorité de l'élément conservateur
sur l'élément révolutionnaire, j'y sou-
scris volontiers; mais on fera bien d'y
regarder de fort près, car j'ai souvenir
de chiffres qui pourraient bien renverser
à ce sujet toutes les espérances de nos
législateurs.

Le suffrage à deux degrés, c'est, sous
une autre forme, le pays légal de 1830,
et il n'a pas donné des preuves suffi-
santes de sagesse politique pour qu'on
y revienne sans appréhensions.

Il faut enfin parler d'une formule
nouvelle qui aurait la rare fortune de
rallier tous les cœurs : il s'agit de l'heu-
reuse répartition des droits électoraux,
en *raison directe des intérêts*. Cette mer-
veille est tout fraîchement éclose des
flancs de la comparaison suivante : De
même que, dans une société industri-
elle, chaque actionnaire a, dans la direction de l'affaire, un droit proportionné
au nombre de ses actions; de même,
dans la société publique, etc... Cette
solution n'est pas appelée, selon nous,
à fournir une longue carrière, et on lui
reprochera d'abord de cacher derrière

son arithmétique une petite hypocrisie. Ce que l'on veut, c'est donner au censitaire un droit plus élevé qu'à celui qui ne l'est pas : pourquoi ne pas le dire franchement? Ce que l'on croit, c'est que le censitaire est naturellement conservateur, tandis que l'électeur pauvre est regardé comme révolutionnaire. Pourquoi ne pas l'avouer ingénûment? Qu'on prouve la vérité de cette assertion, et la cause sera gagnée, car, encore une fois, la suprême logique, l'équité par excellence en ces matières, c'est l'utilité sociale et le bien commun.

Pour mon compte, je suis fermement convaincu que l'on se tromperait en adoptant cette répartition, parce qu'on donnerait aux forces révolutionnaires un avantage marqué sur les forces conservatrices. D'ailleurs la fameuse comparaison est fausse de tous points. Dans un cas il s'agit d'associés volontaires, dans l'autre d'associés forcés; ici on partage des profits naturellement divisibles, là l'intérêt qu'on peut trouver à être protégé dans sa propriété, ou à être bien gouverné, n'est susceptible d'aucune division. J'entends, en effet, que mon champ, qui est très-petit, soit protégé à l'égal de celui qui est très grand, et un mauvais gouvernement me fait autant de tort qu'il en peut faire à de plus richès que moi ; il ne me conviendrait en aucune façon de ne recevoir que pour 5 fr. de protection et de bon gouvernement, tandis que mon riche voisin en aurait pour 200 fr. On peut même faire sortir de la comparaison une loi bien différente de celle que l'on attend, puisque, concluant de la quotité de l'intérêt à la part dans la direction, il faudrait admettre (l'intérêt étant le même pour tous les électeurs) que les droits électoraux fussent également répartis entre eux.

Il reste bien encore quelques systèmes trop ingénieux dont nous ne parlerons pas ; leurs auteurs, qui siégent au centre de l'Assemblée, dans *l'empire du milieu*, ayant mis au jour de véritables chinoiseries.

Vous me direz peut-être, monsieur le directeur, que la critique est aisée, et que je ne propose pas ma solution ; Hélas ! je n'en donne pas parce qu'il n'y en a pas de possible.

Il n'existe pas en effet de bon système électoral sans gouvernement régulièrement établi. On aurait trouvé la perle en ce genre qu'on n'aurait rien fait, tant que le rouage principal de la mécanique politique fera défaut. N'essayez donc pas de trouver un mode d'élection qui amène sur la scène publique des choix conservateurs : ce serait peine perdue. Le conservateur français n'a pas les mêmes vertus que l'opposant français; il est plein de scrupules et de ménagements; il veut voter avec le gouvernement, mais il faut qu'il l'aperçoive quelque part. Il n'est jamais fâché de se trouver du côté du plus fort; mais encore faut-il qu'il sache où est ce plus fort. Est-ce l'opposition? Est-ce le pouvoir actuel? Il n'en sait rien, ou plutôt il commence à craindre que se ne soit l'opposition. Quand le conservateur descend dans l'arène électorale, il veut y rencontrer d'abord, comme abri, comme soutien, le drapeau du gouvernement. Où est-il, ce drapeau? Quelle est sa couleur? Il en est du problème électoral comme de tant d'autres qu'on a vainement essayé de résoudre depuis trois ans; c'est une question qui doit être posée après et non avant l'établissement d'un pouvoir politique régulièrement et solidement assis sur la volonté nationale.

Agréez, monsieur le directeur, avec mes remercîments, l'assurance de ma parfaite considération.

Edouard Boinvilliers.

Paris. — Imp. Dubuisson et Cᵉ, rue Coq-Héron, 5. 4715.

PRIX : 25 CENTIMES.

www.ingramcontent.com/pod-product-compliance
Lightning Source LLC
Chambersburg PA
CBHW050724070726
47597CB00009B/3780